VENTE DU MERCREDI 9 AVRIL 1890

HÔTEL DROUOT, SALLE N° 8

Collection de feu M. le Comte C***

ANCIENNES FAIENCES ITALIENNES

SCULPTURES

EXPOSITION PUBLIQUE

LE MARDI 8 AVRIL 1890

Me PAUL CHEVALLIER	M. CHARLES MANNHEIM
COMMISSAIRE-PRISEUR	EXPERT
10, rue de la Grange-Batelière, 10	7, rue Saint-Georges, 7

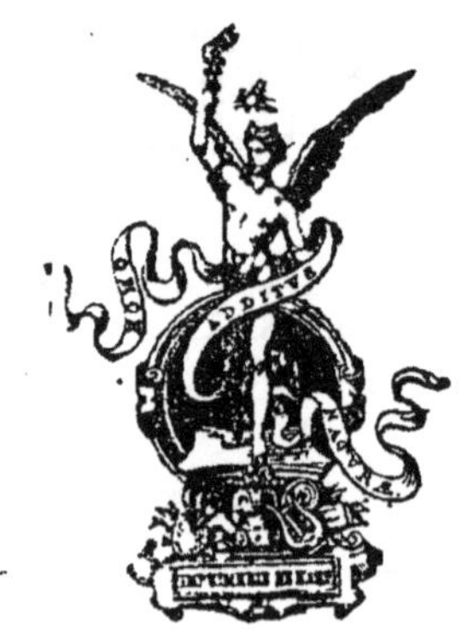

CATALOGUE

DES

ANCIENNES FAIENCES ITALIENNES

Faïences diverses

SCULPTURES EN MARBRE

BRONZES, MEUBLES

TABLEAU

OBJETS DIVERS

Composant la Collection de feu M. le Comte C...

ET DONT LA VENTE AURA LIEU

HOTEL DROUOT, SALLE N° 8

Le Mercredi 9 Avril 1890

A DEUX HEURES

Mᵉ PAUL CHEVALLIER	M. CHARLES MANNHEIM
COMMISSAIRE-PRISEUR	EXPERT
10, rue de la Grange-Batelière, 10	7, rue Saint-Georges, 7

EXPOSITION PUBLIQUE

Le Mardi 8 Avril 1890, de 1 heure à 5 heures 1/2

CONDITIONS DE LA VENTE

La vente sera faite au comptant.

Les acquéreurs payeront, en sus de leur adjudication, *cinq pour cent* applicables aux frais.

L'exposition mettant les acquéreurs à même de se rendre compte des objets vendus, aucune réclamation ne sera admise une fois l'adjudication prononcée.

Paris. — Imp. de l'Art. E. Ménard et Cie, 41, rue de la Victoire.

DÉSIGNATION DES OBJETS

FAIENCES ITALIENNES

1 — Castel-Durante. Plat à centre creux, dit tondino, à décor de trophées d'armes et d'instruments de musique réservés en grisaille sur fond gros bleu.

2 — Castel-Durante. Plat à centre creux, décoré en bleu avec rehauts de jaune, d'entrelacs symétriques et de rinceaux.

3 — Castel-Durante. Deux vases de pharmacie ovoïdes à décor polychrome : médaillon à buste et feuillages,

4 — Castel-Durante. Deux vases de pharmacie ovoïdes, à décor polychrome : Personnages dans un médaillon, et trophées. Couvercles en bois doré.

5 — Castel-Durante. Deux vases de pharmacie ovoïdes, à décor polychrome : Saint dans un médaillon et feuillages.

6 — Castel-Durante. Deux cornets de pharmacie couverts, à corps cylindrique, légèrement concave : décor polychrome de trophées et inscription, avec la date 1644.

7 — Castel-Durante. Cornet de pharmacie cylindrique

légèrement concave, à décor polychrome : Buste d'homme et amours.

8 — Urbino. Plat à centre creux, polychrome : Europe et le taureau. Cadre en bois doré en partie.

9 — Urbino. Plat creux polychrome : Ève tentée par le serpent. Cadre en bois avec rehauts de dorure.

10 — Urbino. Plat polychrome : le Frappement du rocher. Cadre en bois, avec rehauts de dorure.

11 — Urbino. Plat creux polychrome : sujet biblique à personnages et animaux, avec ville en feu au second plan. Cadre en bois en partie doré.

12 — Urbino. Plat creux, décor polychrome : au centre, buste d'homme ; sur le reste de sa surface, grotesques et cornes d'abondance.

13 — Urbino. Plat polychrome : au centre, écusson soutenu par deux amours ; sur le reste de sa surface, décor rayonnant à grotesques, candélabres, oiseaux et mascarons.

14 — Urbino. Plat creux polychrome : Saint Jérôme ; au second plan, maisons et rochers.

15 — Urbino. Plat long ovale, polychrome : au centre, armoiries ; sur le reste de la surface, compartiments à candélabres et grotesques.

16 — Urbino. Deux fontaines de pharmacie ovoïdes, à anses, à décor polychrome : sur l'une, l'Histoire de Joseph ; sur l'autre, Lapidation de deux saints, avec inscriptions et amours. Couvercles en bois.

17-18 — Caffagiolo. Deux plats décorés en camaïeu

bleu : au centre de l'un : buste de femme, polychrome; au centre de l'autre, petit trophée ; au marli, rinceaux et entrelacs.

19 — Faenza. Coupe polychrome à bossages : au centre, l'Amour ; au bord, compartiments de rinceaux sur fond bleu, vert et jaune d'ocre. Cadre en bois avec rehauts de dorure.

20 — Faenza. Coupe polychrome, à bossages : au centre, l'Amour; au bord, double zone de feuilles. Cadre en bois, avec rehauts de dorure.

21 — Faenza. Coupe polychrome à bossages ; au centre : Amour tenant une corne d'abondance; au marli, compartiments de feuillès. Cadre en bois avec rehauts de dorure.

22 — Faenza. Deux coupes godronnées polychromes : Fruits et feuilles.

23 — Faenza. Deux coupes godronnées polychromes, de dimensions différentes : Amour, cygne, avec bordure de feuilles.

24 — Faenza Coupe godronnée polychrome : au fond, figure de Fleuve et Amour; au marli, triple zone de feuilles. Cadre en bois, avec rehauts de dorure.

25 — Deruta. Plat creux polychrome ; au fond, bustes d'homme et de femme, et banderole ; au marli, imbrications et rinceaux. Cadre en bois rehaussé de dorure.

26 — Deruta. Plat creux polychrome : Buste de per-

sonnage vêtu à l'antique, avec banderole ; sur le marli, couronne de feuillages. Cadre en bois rehaussé de dorure.

27 — Deruta. Plat creux ; au fond, Saint sur un cheval que tient le diable, en camaïeu bleu ; au marli, couronne de feuillages sur fond d'ocre jaune. Cadre en bois doré en partie.

28 — La Frata. Deux plats à fond brun, décorés de couronnes de feuillages gravés sur engobe ; au centre, armoiries en couleurs.

29-30 — Venise. Quatre plats à centre creux, de dimensions différentes, à décor de rinceaux en camaïeu bleu.

31 — Venise. Plat, décor en camaïeu bleu : Lapidation de saints.

32 — Venise. Plat, décor en bleu : Femme dans un char avec suite nombreuse ; écusson armorié au marli.

33 — Venise. Plat, décor en camaïeu bleu : Chasse au sanglier.

34 — Savone. Grand plat creux en camaïeu bleu ; décor en plein de personnages faisant de la musique.

35-36 — Savone. Quatre plats en camaïeu bleu : Amours, Nymphes et Divinités marines.

37 — Savone. Deux grands plats en camaïeu bleu : Personnages dans des paysages.

38 — Savone. Deux plats, l'un rond et l'autre festonné, en camaïeu bleu ; sur l'un, deux personnages ; sur

l'autre, armoiries d'évêque, avec couronne de feuillages.

39-40 — SAVONE. Dix assiettes en camaïeu bleu : Amours personnages et paysages.

41 — SAVONE. Grand plat, décor en camaïeu bleu : Personnages debout, et cariatides en bas-relief au marli.

42 — SAVONE. Plat à bords festonnés, décor en camaïeu bleu : Femme et enfant.

43 — SAVONE. Plat à bords festonnés, décor en camaïeu bleu : Enfant assis.

44 — SAVONE. Deux cruches de pharmacie couvertes, à anse et goulot en camaïeu bleu : Monogramme du Christ, amours et chevaux marins.

45 — CASTELLI. Grand plat, décor polychrome : Paysanne qui trait une vache, avec ruines et mer au second plan.

46 — CASTELLI. Plat polychrome : Siège d'une ville ; au marli, nombreux trophées d'armes. Cadre en bois en partie doré.

47 — CASTELLI. Plat polychrome ; au fond, triomphe romain ; au marli, trophées. Cadre en bois rehaussé de dorure.

48 — CASTELLI. Plat creux polychrome : Adam et Ève chassés du paradis ; au marli, amours et rinceaux.

49 — CASTELLI. Plat polychrome : Suzanne et les deux Vieillards ; au marli, blason et amours.

50 — CASTELLI. Plat creux polychrome : Cavalier et son chien.

51 — Castelli. Plat creux polychrome : Berger et troupeau avec écusson, amours et grotesques au marli.

52-53 — Castelli. Quatre petites assiettes polychromes : Chasse, bestiaux, paysans et paysannes.

54-55 — Castelli. Cinq petits plats polychromes à cavité centrale : Amours, paysages et sujet mythologique.

56 — Castelli. Petit plat polychrome avec rehauts de dorure : Chasse au léopard, blason de cardinal au marli. Cadre en bois en partie doré.

57 — Castelli. Petite assiette polychrome : Scène galante. Cadre en bois doré en partie.

58 — Castelli. Petit plat creux godronné et polychrome : Vénus embrassant l'Amour. Cadre en bois doré en partie.

59 — Castelli. Petit plat creux polychrome : Adam et Ève chassés du paradis. Cadre en bois doré en partie.

60 — Castelli. Petite assiette polychrome : Amour dans un paysage. Cadre en bois doré en partie.

61 — Castelli. Petite assiette polychrome : Allégorie de la géométrie. Cadre en bois doré en partie.

62 — Castelli. Petite assiette polychrome : Femme puisant de l'eau. Cadre en bois doré en partie.

63 — Castelli. Petite assiette polychrome : le Repas des paysans. Cadre en bois doré en partie.

64 — Castelli. Petite assiette polychrome : Personnage assis fumant sa pipe. Cadre en bois doré en partie.

65 — Castelli. Petite assiette polychrome : Femme debout près d'un arbre. Cadre en bois doré en partie.

66 — Castelli. Deux médaillons ovales polychromes : Sujets galants.

67-68 — Castelli. Quatre assiettes polychromes : Chasseur et chasseresse, paysage, bestiaux et sujet mythologique.

69 — Castelli. Plaque ronde polychrome : Paysage animé avec ruines au premier plan. Cadre en bois en partie doré.

70 — Castelli. Plaque ronde polychrome : Paysage animé avec cours d'eau. Cadre en bois en partie doré.

71 — Castelli. Plaque ronde polychrome : Paysage animé au bord de la mer, avec ruines. Cadre en bois doré en partie.

72 — Castelli. Plaque ronde polychrome : Chasse au buffle. Cadre en bois doré en partie.

73 — Castelli. Petite plaque ronde polychrome : Flore entourée d'amours. Cadre en bois doré en partie.

74 — Castelli. Petite assiette polychrome : Paysannes et amours. Cadre en bois doré en partie.

75 — Castelli. Petite assiette polychrome : Paysans et paysanne. Cadre en bois doré en partie.

76 — Castelli. Plaque ronde polychrome : Paysage avec ruines; au premier plan, un berger. Cadre en bois doré en partie.

77 — Castelli. Plaque ronde polychrome : Paysage avec

ruines; au premier plan, une bergère. Cadre en bois doré en partie.

78 — Castelli. Plaque ronde polychrome : Paysage animé avec ruines au bord de la mer. Cadre en bois doré en partie.

79 — Castelli. Plaque ronde polychrome: Cérès avec nymphe et amours dans les nuages. Cadre en bois doré en partie.

80 — Castelli. Petite assiette polychrome : Paysan et paysanne. Cadre en bois doré en partie.

81 — Castelli. Deux plaques rectangulaires polychromes: Chevaux et bestiaux dans des paysages. Cadres en bois doré en partie.

82 — Castelli. Plaque rectangulaire polychrome ; Josué arrête le soleil. Cadre en bois doré en partie.

83 — Castelli. Plaque rectangulaire polychrome : Passage du gué par un troupeau. Cadre en bois doré en partie.

84 — Faience italienne. Plat creux polychrome : Personnage debout tenant une pique et un écusson armorié. Cadre en bois doré en partie.

85 — Faience italienne. Plat creux polychrome : Personnages, ange et chien. Cadre en bois doré en partie.

86 — Faience italienne. Plat creux polychrome : la Justice. Cadre en bois doré en partie.

87 — Faience italienne. Deux petits plats polychromes à centre creux, à décor étoilé.

88 — Faience italienne. Deux coupes polychromes : amours, grotesques et feuillages.

89 — Faience italienne. Deux coupes polychromes : rosace au centre.

90 — Faience italienne. Trois plats creux dont deux semblables, décorés, en camaïeu bleu, de rinceaux et entrelacs.

91-92 — Faience italienne. Cinq plats polychromes à centre creux : entrelacs, rinceaux, feuillages, imbrications avec les lettres N et G au fond de deux d'entre eux.

93-94 — Faience italienne. Quatre plats polychromes : feuillages rayonnants, rosace, dauphin et buste de femme.

95 — Faience italienne. Deux coupes polychromes : bustes de femmes, rinceaux et compartiments.

96 — Faience italienne. Deux plats décorés en camaïeu bleu : feuillages et rinceaux.

97-98 — Faience italienne. Quatre plats polychromes : fruits et couronne de chêne, amours, saint en prières et semis de feuilles.

99 — Faience italienne. Deux vases de pharmacie à anses et couvercle : décor polychrome d'armoiries et inscriptions.

100-101 — Faience italienne. Quatre bouteilles de pharmacie à décor polychrome : personnages et scènes des deux Testaments et inscriptions.

102 — Faience italienne. Vase de pharmacie ovoïde à

anses à décor polychrome : Saint Jean-Baptiste, inscriptions et grotesques.

103-104 — Faience italienne. Quatre cruches de pharmacie couvertes, à anses et goulots : décor polychrome d'écusson au milieu de rinceaux et amours avec inscriptions.

105-106 — Faience italienne. Quatre cornets de pharmacie cylindriques légèrement concaves, en camaïeu bleu : monogramme du Christ, oiseaux et inscriptions.

107 — Faience italienne. Trois cruches de pharmacie à anse et goulot, en camaïeu bleu : monogramme du Christ, oiseaux et inscriptions.

108 — Faience italienne. Cruche de pharmacie ovoïde à anse et goulot, décorée en camaïeu bleu : Ange tenant le monogramme du Christ, animaux et inscriptions.

109 — Faience italienne. Deux vases de pharmacie ovoïdes en camaïeu bleu : Anges et monogramme du Christ, navire et sauvages.

110 — Faience italienne. Deux cruches de pharmacie à anse et goulot en camaïeu bleu : monogramme du Christ, personnages, animaux et inscriptions.

111 — Faience italienne. Deux vases de pharmacie ovoïdes à anses, décorés, en bleu, de feuillages avec le monogramme du Christ et inscriptions.

112 — Faience italienne. Deux cornets de pharmacie cylindriques à décor en bleu de feuillages avec inscriptions et de vase émaillé jaune.

113 — Faience italienne. Trois vases de pharmacie ovoïdes à anses, décor en bleu d'animaux avec inscriptions et monogramme du Christ.

114-115 — Faience italienne. Cinq cruches de pharmacie, décor en bleu.

116 — Faience italienne. Fontaine de pharmacie, décor en bleu d'animaux et inscriptions.

117 — Faience italienne. Deux mascarons-appliques à têtes chimériques émaillées en couleurs.

FAIENCES DIVERSES

118-119 — Faience hispano-mauresque. Deux plats à décor de reflets métalliques rougeâtres : quadrillés, feuilles et fruits.

120 — Faience de Lorraine. Deux potiches ovoïdes couvertes, à décor polychrome d'oiseaux, branches fleuries et quadrillés.

121 — Deux plaques en faïence moderne, à sujets imités de l'antique.

SCULPTURES EN BRONZE ET MARBRE

122 — Bronze noir. Statue de jeune enfant nu, debout, s'étirant, une draperie dans les mains. Signée : G. Biggi. Roma, 1878.

123 — Marbre blanc. Statue, demi-nature, d'adoles-

cent debout, vêtu d'une longue draperie, couronné de pampres, et tenant un agneau. Ancien travail italien.

124 — Marbre blanc. Buste, grandeur nature, de jeune fille, la tête légèrement inclinée vers la droite. Piédouche à moulures.

125 — Marbre blanc. Buste, grandeur nature, de jeune fille, la tête légèrement inclinée vers la gauche. Piédouche à moulures.

126-127 — Marbre blanc. Deux bustes, grandeur nature, de jeunes filles, en pendants; elles se font face et sont vêtues d'une chemisette. Piédouche à moulures.

128 — Marbre blanc. Buste, grandeur nature, de jeune femme, la tête inclinée vers la droite, une draperie sur les épaules. Piédouche à moulures.

129 — Marbre blanc. Buste, grandeur nature, de jeune femme, la tête tournée à gauche, vêtue d'une chemisette. Piédouche à moulures.

130 — Marbre blanc. Statue, demi-nature, de jeune fille nue, debout près d'un tronc d'arbre et tenant une pomme.

131 — Marbre blanc. Statue, demi-nature, de jeune fille debout, nue, se couvrant d'une draperie.

132 — Marbre blanc. Statuette de femme vêtue d'une longue draperie, debout, appuyée contre un tronc d'arbre.

133 à 136 — Sept colonnes, dont six par paires, à hau-

teur d'appui, en serpentine et marbre, servant de supports aux bustes et statues qui précèdent.

MEUBLES

137 — Cabinet à abattant en racine de noyer, pourvu intérieurement de nombreux tiroirs et orné, à l'intérieur et à l'extérieur, de nombreuses statuettes en haut-relief. Travail italien du XVIIe siècle. Il repose sur une table-support à X en bois de noyer sculpté.

138 — Table octogonale en bois noir, avec dorures et dessus en mosaïque de marbres de couleurs, à rosace centrale.

OBJETS DIVERS

139 — Tableau : École espagnole. Femme nue étendue, le bras gauche sur un coussin, un amour derrière son épaule ; à ses pieds, un personnage, vu de dos, en costume de la fin du XVIe siècle, joue de la guitare ; fond de paysage. Cadre en bois doré.

140 — Grande mosaïque rectangulaire en couleurs et dorure, représentant un soldat romain, avec encadrement de rinceaux. Cadre en bois noir.

141 — Coupe en bronze, à piédouche accosté de trois personnages. Prix de course.

142 — Sept plats de diverses dimensions, en cuivre jaune repoussé, à personnages et sujets divers.

143 — Deux supports-appliques en bois sculpté et doré : Figures chimériques.

144 — Fort lot de socles et consoles-supports en bois avec dorures.

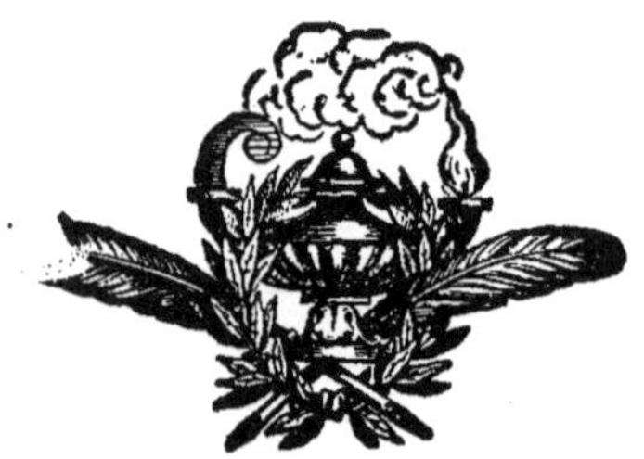

www.ingramcontent.com/pod-product-compliance
Lightning Source LLC
LaVergne TN
LVHW010216230826
846091LV00008BB/3545

* 9 7 8 2 3 2 9 5 0 0 8 4 3 *